Apuleyo

El cuento de Psique y Cupido

Apuleyo

El cuento de Psique y Cupido
[*El asno de oro*, IV 28 – VI 24]

**Traducción de
Antonio López Fonseca**

© Los secretos de Diotima

© Guillermo Escolar Editor
Calle Princesa 31, planta 2, puerta 2
28008 Madrid

© De la traducción, Antonio López Fonseca

ISBN: 979-13-87789-47-3

DEPÓSITO LEGAL: M-3194-2026

Impreso en España / Printed in Spain

[IV] [28] Érase una vez una ciudad con un rey y una reina que tuvieron tres hijas que llamaban la atención por su belleza. Se pensaba que a las dos mayores, aunque de un aspecto tremendamente encantador, se las podía elogiar con el lenguaje humano, pero la más joven era tan extraordinaria, de una hermosura tan admirable que no podía ser suficientemente alabada por la pobreza del lenguaje humano. Fueron muchos los ciudadanos y numerosos los extranjeros a los que la fama de su eminente visión hizo acudir deseosos; quedaron estupefactos ante la inalcanzable belleza y, llevando a su boca la mano derecha con el índice colocado sobre el pulgar levantado, la veneraban, como si fuese la propia diosa Venus, con piadosa admiración. Ya había cundido la noticia en las ciudades vecinas y las regiones limítrofes: nació en las profundidades del azulado piélago y el rocío de las espumantes olas la crio; ahora prodigaba su majestuosa presencia mezclándose entre la gente; seguramente, por un nuevo embrión de las gotas del cielo, no el mar sino la tierra había irradiado otra Venus provista de la flor virginal. [29] Así, día a día, se extiende este rumor con desmesura; así la noticia expandida recorría las islas vecinas, parte del continente y la mayoría de las provincias. Acudían muchos mortales tras largos viajes y travesías por el profundo mar para contemplar este dechado del mundo. Nadie navegaba a Pafos, nadie a Cnido, ni siquiera a la propia Citera a contemplar a la diosa Venus. Se difieren los sacrificios, se envilecen los templos, se pisotean los almohadones, se abandona el culto; las estatuas no portan coronas y las aras vacías están sucias con fría ceniza. Se elevan súplicas a la joven y la majestad de tamaña diosa se honra en su humana encarnación; cuando la muchacha sale de mañana víctimas y banquetes sagrados se ofrecen en nombre de la ausente Venus; cuando atraviesa las plazas la gente se agolpa lanzándole súplicas con guirnaldas y flores.

Este desmedido traspaso de testimonios de consideración divinos hacia el culto de una muchacha mortal enardeció violentamente el alma de la auténtica Venus, que, arrastrada por la indignación, meneando la cabeza mientras rezongaba con soberbia, así discurría consigo misma: [30] «¡Pero es que yo, prístina creadora de la naturaleza, principio primigenio de los elementos, Venus nutricia del universo todo, voy a ser arrastrada a compartir los honores de mi majestad con una muchacha mortal y se va a profanar mi nombre encumbrado en el cielo con la inmundicia de la tierra! ¡Y voy a tener que soportar, efectivamente, que los sacrificios en honor de una divinidad común generen la incertidumbre por la veneración de una impostora, y que una muchacha mortal sea mi repre-

9

sentación! Aquel famoso pastor, cuya justicia y lealtad el gran Júpiter reconoció, en vano me prefirió por delante de tan importantes dioses a causa de mi excelsa apariencia. Pero esa, quienquiera que sea, que de tal modo se regocija no va a usurpar mis honores. Voy a hacer que se arrepienta de esa ilustre hermosura».

Y al punto llama a su hijo, aquel célebre alado y muy imprudente, el que, despreciados los principios de la vida pública por sus malas costumbres, armado con antorcha y flechas, yendo de noche de un lado a otro por las casas ajenas y echando a perder todos los matrimonios, perpetra impunemente las acciones más vergonzosas y no hace en absoluto nada bueno. Aunque él es ya de por sí insolente, ella además lo aguijonea con sus palabras, le hace ir a aquella ciudad y le presenta a Psique, que así se llamaba la joven, y una vez que le contó las habladurías a propósito de la rivalidad de su hermosura, quejándose y refunfuñando de indignación le dice: [31] «Yo te lo ruego

10

por el vínculo del amor materno, por las placenteras heridas de tus flechas, por la melosa fiebre de tu pasión, venga a tu progenitora, pero otórgale una venganza cumplida y castiga de manera inclemente esa hermosura pertinaz, más aún, concédeme una sola cosa con la que me daré por satisfecha: haz que esa mujer se arrebate por un amor apasionadísimo hacia el más vil de los individuos, alguien a quien la Fortuna haya condenado a la vez en su condición social, en su patrimonio y en su propia integridad física, que sea tan despreciable que no encuentre en el universo mundo otro que pueda compararse con su desdicha».

Así habló y sus labios cubrieron de besos apretados y ardientes a su hijo, buscó la costa más cercana donde las olas se retiran y, con sus rosadas plantas hollando la espumosa cresta de las olas que se estremecen, se sienta en la superficie y se deja llevar por la serena lisura del mar; al primer deseo, al punto, como si lo hubiese ordenado tiempo ha, no se

11

demora la complacencia marina: se presentan las hijas de Nereo cual coro cantando, Portuno con su hirsuta barba azul, Salacia con los pliegues de su vestidura preñados de peces y el pequeño auriga Palemón en su delfín; y por doquier un tropel de Tritones saltando el mar: uno de su sonora concha arranca sones, otro del ardiente molesto sol la protege con una tela de seda, otro bajo los ojos de la soberana sostiene un espejo, otros uncidos por parejas al carro nadan bajo el agua. Semejante es el cortejo que acompaña a Venus cuando se dirige al Océano.

[32] Entretanto, Psique con su resplandeciente hermosura no recibe provecho alguno de su esplendor. Todos la admiran, todos la elogian, pero nadie, ni rey, ni príncipe, ni plebeyo se digna a pedirla en matrimonio. Es cierto que admiran su aspecto divino, pero todos la admiran como si fuese una elegante escultura. Ya hacía tiempo que sus dos hermanas mayores, cuya mesurada belleza no

había celebrado pueblo alguno, habían sido prometidas a regios pretendientes y habían contraído feliz matrimonio, mientras Psique, muchacha condenada a la soltería, llora en casa su abandono y soledad; al dolor físico se suman las heridas del corazón y, aunque admirada por todos los pueblos, odia su hermosura. El muy desdichado padre de la muy desafortunada hija, creyéndose perseguido por la malquerencia de los dioses y temeroso de su cólera, consulta el antiquísimo oráculo del dios de Mileto y con preces y sacrificios a tamaña divinidad le solicita para la no recompensada muchacha un esposo, un matrimonio. Apolo, aunque griego jónico, en atención al creador de la fábula milesia, respondió así con una profecía en latín:

[33] *En una roca del elevado monte, rey, pon a tu hija elegantemente engalanada sobre un tálamo fúnebre. No esperes un yerno nacido de madre mortal, sino una cruel calamidad y una fiera viperina, que con sus alas volando desasosiega el cielo todo y a sangre y fuego hiere a todos y a cada uno, ante el cual el pro-*

13

pio Júpiter tiembla, se aterrorizan las divinidades y se estremecen los ríos y las tinieblas de Estigia.

El rey, otrora feliz, recibida la respuesta del sagrado oráculo, vuelve a palacio disgustado y triste y le explica a su esposa los preceptos del aciago oráculo. Durante unos días se aflige, se deshace en lágrimas, se lamenta. Pero apremia ya el abominable cumplimiento del cruel destino. Ya se prepara para la desdichada muchacha la pompa de las aciagas nupcias, ya la llama de las antorchas se marchita en ceniza de negro hollín, el son de la flauta nupcial se troca por las quejumbrosas modulaciones lidias, el alegre canto nupcial acaba en fúnebre lamento y la joven casadera enjuga las lágrimas con su propio velo. La ciudad se compadece con el triste destino que se cierne sobre la familia y, coincidiendo todos en uno en el dolor del pueblo, se determina unánimemente duelo general.

[34] Sin embargo, la necesidad de cumplir con las órdenes celestiales empujaba imperiosamente a Psique, pobreci-

lla, al suplicio que le estaba destinado. Así pues, ultimado el ceremonial de las funestas nupcias con inmensa pena, seguido de todo el pueblo, se pone en marcha el cortejo fúnebre de una persona viva y Psique arrasada en lágrimas asiste no a sus nupcias, sino a sus exequias. Mientras sus padres abatidos y sacudidos por tamaña desgracia vacilan en consumar el nefando crimen, su propia hija los alienta con estas palabras: «¿Por qué mortificáis vuestra desdichada vejez con este continuo llanto? ¿Por qué atormentáis con continuos lamentos vuestra existencia, que es más la mía? ¿Por qué mancilláis con inútiles lágrimas vuestros rostros dignos de veneración para mí? ¿Por qué lastimáis la luz de mis ojos en los vuestros? ¿Por qué mesáis vuestros canos cabellos? ¿Por qué os golpeáis el uno el pecho, la otra los senos sagrados? Este va a ser para vosotros el glorioso galardón de mi eminente hermosura. Demasiado tarde os percatáis de que la cruel envidia os alcanza con mortal golpe. Cuando los pueblos y naciones nos veneraban con honores divinos, cuando solemnemente decían al unísono que era la nueva Venus, entonces fue cuando debisteis afligiros, entonces debisteis llorar, entonces debisteis guardar luto como si me hubieseis perdido. Ahora me doy cuenta, ahora veo con claridad que el nombre de Venus es lo único que me ha perdido. Llevadme, ponedme sobre la roca que el oráculo indicó. Tengo prisa por afrontar esas dichosas nupcias, tengo prisa por conocer a mi ilustre esposo. ¿Por qué me demoro? ¿Por qué evito el encuentro con quien ha nacido para ruina del universo mundo?».

[35] Tras hablar así, la muchacha calló y con paso resuelto se confundió con la muchedumbre que la acompañaba. Llegan a la roca indicada en el escarpado monte, en cuya cúspide se coloca a la joven y allí la abandonan, dejando las antorchas nupciales, con las que habían iluminado la ceremonia, apagadas con sus propias lágrimas, y se disponen a

regresar a sus hogares con la cabeza gacha. Sus desdichados padres, consumidos por tal calamidad, se ocultaron en el fondo de su palacio y se entregaron a una sempiterna noche. Psique permanecía asustada y trémula en la cresta de la roca, arrasada en lágrimas; entonces el delicado hálito del Céfiro que la acariciaba y agitaba insensiblemente el borde de su ropa termina hinchando el vuelo de sus vestiduras; elevada mansamente siente que la arrastra con suavidad una dulce brisa que la baja desde la eminente roca hasta un profundo valle que se extendía abajo; y plácidamente se ve recostada tras ser depositada en el regazo de un florido césped.

[V 1] Psique, agradablemente recostada sobre el lecho de fresco césped, delicado paraje herboso, se entregó a un plácido descanso, una vez repuesta de tan grande turbación. Recuperada por el sueño reparador, se levanta con sosegado espíritu. Ve un bosque de altos y frondosos

17

árboles, ve una fuente de transparente agua cristalina; en el centro justo del bosque, junto a la corriente de agua, hay un suntuoso palacio, no levantado por manos humanas, sino por artificios divinos. Ya la propia entrada evidencia que se trata del elegante y plácido refugio de una divinidad. Y es que el artesonado, cuidadosamente esculpido en marfil y madera de cidro, reposa sobre columnas de oro, las paredes, completamente revestidas de bajorrelieves argénteos, ponen ante los ojos de quienes entran fieras y animales de ese tipo. En una palabra, solo un mortal, artista talentoso, mejor aún un semidiós, o más en concreto un dios, podría ser capaz de dar semejante fiereza a tanta plata con la sutileza de su consumado arte. En el propio solado, diminutas piedras preciosas talladas se constituyen en distintos tipos de representaciones. ¡Cuán dichosos aquellos que huellan sobre perlas y piedras preciosas! Las demás estancias dispuestas a lo largo y ancho del palacio son de incalculable valor; las paredes están revestidas por completo de oro macizo y brillan con el dorado fulgor que le es propio, al punto de que este palacio tendría su propia luz del día, aunque él no quisiera dárselo, de cómo refulgen las estancias, las galerías y hasta las puertas. Y no menor es la riqueza del resto, acorde con la magnificencia de la morada, de modo que parece que el gran Júpiter se hizo construir este celestial palacio para habitar entre los mortales.

[2] Estimulada por el deleite de tal lugar, Psique se acerca poco a poco, va tomando confianza y cruza el umbral; después, cediendo a la seducción de la curiosidad ante tan maravilloso espectáculo, recorre con su atónita mirada todos los detalles, ve los almacenes del otro lado del palacio, de una factura excelsa, en los que se amontonan tesoros considerables. No existe lo que allí no esté. Pero más allá de que era mucho lo admirable entre tanta riqueza, lo realmente admirable era que no había cadena alguna, ni cierre

de ningún tipo, ni guardián que custo-
diara aquel tesoro de todas las maravillas
del mundo. Mientras ella se entregaba a
su contemplación con sumo deleite, una
voz que no provenía de cuerpo alguno le
dice: «¿Por qué, señora, te quedas atónita ante tamaña opulencia? Tuyo es todo
esto. Entra en tus aposentos, recupérate
de tu fatiga en un lecho y, cuando con-
sideres, pide que se te prepare el baño.
Nosotras, cuyas voces puedes oír, somos
tus sirvientas, cumpliremos con diligencia tus peticiones; cuando estés presta, no
se hará esperar el regio festín dispuesto
en tu honor».

[3] Reconoció Psique en esta dicha
la providencia de una divinidad y, obe-
diente a los consejos de las incorpóreas
voces, primero durmió y luego en el baño
deslió su fatiga; vio al punto a su lado
una mesa semicircular e, interpretando
que se trataba de una reparadora comida
dispuesta para ella, se acomodó de buen
grado. Inmediatamente, vino delicioso
cual néctar, fuentes variadas con sucu-

lentos manjares aparecen sin ser servidos por mano alguna, como traídos por un hálito sobrenatural. No podía ver a nadie, tan solo escuchaba las palabras que caían y las voces que tenía a su servicio. Tras el opíparo banquete alguien entró e, invisible, cantó, y otro tocó la cítara, que tampoco era visible. Después acarició sus oídos un conjunto de moduladas voces que, aunque no podía verse a nadie, era evidente que formaban un coro. [4] Concluido el agasajo y aconsejándolo así la noche, Psique se retiró a dormir. Entrada ya la noche, un tenue ruido llegó a sus oídos. Entonces, sintiendo miedo por la honra de su virginidad en medio de tan inmenso desamparo, se asusta, se espanta y más que por cualquier infortunio siente miedo por lo que desconoce. Ya estaba junto a ella su desconocido esposo, había subido al lecho, había convertido en su esposa a Psique y, antes de que despuntara la luz del alba, precipitadamente había desaparecido. Al punto, las voces que aguardaban tras la puerta

de los aposentos se ocupan de la recién
desposada, perdida su virginidad. Largo
tiempo continuó así su vida. Conforme a
natura, el hábito convirtió en placentero
su nuevo estado y el sonido de aquella voz
ignota era alivio de su soledad.

Entretanto, sus padres envejecían
sumidos en un inagotable dolor y tristeza. Divulgada ampliamente la noticia
de lo ocurrido, sus hermanas mayores se
enteraron de todo, tristes y afligidas deja-
ron sus casas y, a porfía, se apresuraron a
la de sus padres para acompañarlos. [5]
Aquella noche el esposo le habla así a su
Psique –porque, a excepción de con los
ojos, podía sentirlo con sus manos y sus
oídos–: «Muy adorada y amada esposa,
Psique, la cruel Fortuna te amenaza con
un funesto peligro y te aconsejo que
estés especialmente alerta. Tus hermanas, arrebatadas en la idea de que has
muerto y a la búsqueda de tu rastro, lle-
garán pronto a la roca. Si por alguna cir-
cunstancia llegaras a oír sus lamentos, no
respondas, es más, ni siquiera llegues a

22

dirigirles la mirada; de lo contrario, a mí me ocasionarás un terrible dolor y a ti la mayor de las desgracias».

Asintió y prometió a su esposo que actuaría según su criterio, pero, como él desapareció junto con la noche, pasó el día entero sumida entre el llanto y los lamentos, repitiéndose que ahora sí estaba perdida: encerrada en dichosa cárcel y privada del contacto con todo ser humano, ni siquiera podía ofrecer consuelo a sus hermanas, ahora que lloraban por ella, o verlas un instante. Sin bañarse ni comer nada, ni entregarse a nada reconfortante, amargamente llorando se retiró al lecho. [6] Poco después, algo antes de lo acostumbrado, su marido se tumba junto a ella y abrazándola, aún arrasada en lágrimas, la recrimina de esta manera:

«¿Esto es lo que me habías prometido, querida Psique? ¿Cómo voy a confiar en ti, yo que soy tu marido? ¿Qué puedo esperar? No cesas de atormentarte de día, ni de noche, ni entre los brazos de tu esposo. ¡Venga, haz lo que quieras, complace tus caprichos y búscate la ruina! Eso sí, recuerda mis serias advertencias cuando más adelante empieces a arrepentirte».

Entonces ella, a base de ruegos y amenazándole con que va a morir, arranca de su marido el deseado consentimiento para ver a sus hermanas, atenuar su duelo, hablar con ellas. Accedió él a los ruegos de la recién casada y además le concedió permiso para darles todo el oro y las joyas que quisiera regalarles, pero le aconsejó insistentemente y la amedrentó una y otra vez para que no cediera a los perniciosos consejos de sus hermanas y que nunca intentara descubrir el aspecto de su esposo, pues sería una sacrílega curiosidad que desde la más elevada dicha la arrojaría al abismo y no volvería a gozar de sus abrazos. Dio gracias a su esposo y, más contenta, le dijo: «Antes morir cien veces que renunciar a nuestra maravillosa unión. Estoy locamente enamorada de ti, quienquiera que seas, te quiero como a mi vida y no te cambio ni por el propio Cupido. No obstante, te ruego que me concedas un último favor: ordena a Céfiro, tu servidor, que traiga aquí a mis hermanas de la misma forma que hizo conmigo». Cubriéndolo de cautivadores besos, seduciéndolo con halagos y estrechándolo íntimamente con sus brazos, añade estas zalamerías: «Dulzura mía, amado esposo, vida querida de tu Psique». Con la fuerza y el poder de Venus, el marido encandilado, muy a su pesar, sucumbió, prometió que lo haría todo y, ante la llegada del alba, se desvaneció entre los brazos de su esposa.

[7] Las hermanas, que conocían el roquedal y el lugar en el que había sido abandonada Psique, llegaron presurosas y allí regaron sus ojos de lágrimas y golpearon su pecho de modo tal que las rocas y peñascos hacían retumbar sus pertinaces gritos de dolor con un eco parejo. Llamaban insistentemente por su nombre a su desdichada hermana, hasta el punto de que, al sentir el penetrante

son de sus ululantes voces que descendían hacia el valle, Psique turbada sale corriendo del palacio y dice: «¿Por qué en vano os doléis con desdichados sollozos? A qué lamentarse, estoy aquí. Cesad vuestros aciagos plañidos y secad las mejillas anegadas en lágrimas, que ya podéis abrazar a la que lloráis». Entonces, tras llamar a Céfiro, le comunica lo ordenado por su esposo. Sin tardanza, dando cumplimiento a la orden, con la más delicada brisa sin daño alguno las transporta. Ya se funden en mutuos abrazos y besos arrebatados y las lágrimas que habían cesado vuelven a correr, ahora de gozo. Dice: «Entrad en casa, en nuestro hogar, alegraos y dad solaz con Psique a vuestras almas apenadas».

[8] Tras hablar así, les muestra las extraordinarias riquezas de la áurea morada, la muchedumbre de voces a su servicio y las agasaja con un suntuoso baño y las delicias de una opípara mesa digna de seres inmortales, de suerte que, colmadas con esa profusión de riquezas

celestiales, empezaron a alimentar en su interior una profunda envidia. Una de ellas, finalmente, no cesaba de preguntarle con una malsana curiosidad quién era el señor de aquellas celestiales maravillas, o quién o de qué condición era su marido. Pero Psique en modo alguno infringió el pacto conyugal ni dejó escapar de su pecho arcano alguno, sino que improvisó que se trataba de un apuesto joven, en cuyo rostro empezaba a despuntar la barba, entregado la mayor parte del tiempo a la caza por montes y campos, y, no fuera a ser que al dilatarse la conversación pudiese traicionar su propósito de callar, tras cargarlas de oro y piedras preciosas, llamó a Céfiro para que las llevara de vuelta.

[9] Cumplida con diligencia la orden, las preclaras hermanas volvían a casa y, mientras se sentían corroídas por la hiel de una envidia que se inflamaba, conversaban vivamente la una con la otra. Es así que, al fin, dice una de ellas: «¡Ay, Fortuna! ¡Qué ciega, cruel, inicua! ¿Te

27

parece bien que, siendo hermanas por parte de padre y madre, arrostremos una existencia tan diferente? ¿Cómo es posible que nosotras, mayores por nacimiento, estemos casadas con extranjeros para ser sus criadas y vivamos desterradas, arrojadas lejos de nuestro hogar, nuestra patria, nuestros padres, y en cambio ella, la más joven, último fruto de una fecundidad que con ella se agostó, viva en la opulencia casada con un dios, cuando ni siquiera sabe cómo desempeñarse entre tanta riqueza? ¿Has visto, hermana, todo lo que hay en la casa, qué collares, qué rutilantes ropajes, qué brillo de joyas, qué cantidad de oro por doquier? Y si, además, tiene un marido tan bello como asegura, no puede haber mujer alguna en el universo mundo que sea más feliz. Es que cabe la posibilidad de que, quién sabe, si la relación sigue su curso y su amor se afianza, su esposo dios la convierta en diosa. Ya, ¡por Hércules!, como tal se conducía y se comportaba. Es que, si te has fijado, su mirada se alza al cielo y se vislumbra a la diosa en una mujer que tiene voces por criadas y que gobierna sobre los propios vientos. En cambio, a mí, desdichada, me ha tocado en suerte un marido más viejo que mi padre y, además, más calvo que una calabaza y más enclenque que un mozalbete, que para colmo guarda todo en casa a buen recaudo bajo llaves y cadenas».

[10] Replica la otra: «Pues yo tengo que soportar a un marido achacoso, jorobado y que solo muy de cuando en cuando cultiva mis encantos; me paso casi todo el tiempo dándole friegas en los dedos deformes y duros como piedras; echo a perder mis delicadas manos aplicándole malolientes bálsamos con asquerosas compresas y fétidas cataplasmas; hago más el papel de hacendosa cuidadora que el de complaciente esposa. Tú, hermana, verás hasta cuándo con paciencia, mejor con servilismo –te voy a decir con absoluta sinceridad lo que pienso–, vas a soportar esto; yo, desde luego, no puedo soportar más que tan gran prospe-

ridad haya ido a caer en manos de quien no la merece. Recuerda con qué altivez y engreimiento nos ha tratado, con qué jactancia de desmesurada ostentación se ufanaba para, de tamañas riquezas, arrojarnos a la cara unas migajas, y de mala gana, y cómo nos ha despachado cuando se ha cansado de nuestra presencia y ha ordenado que se nos ventilara de un soplido. No me tengo por mujer ni conservo la vida, si no la precipito de semejante exuberancia. Y si a ti, como sería lógico, te ha dolido nuestra afrenta, ideemos entre las dos una respuesta contundente. Para empezar, no enseñemos lo que traemos a nadie, ni a nuestros padres, es más, ni siquiera digamos que sabemos que está a salvo. Bastante es que hayamos visto lo que tanto nos disgusta haber visto como para que vayamos pregonando ante nuestros padres y ante toda la gente la felicidad que disfruta. No se tiene por dichosos a aquellos cuyas riquezas nadie conoce. Ya se enterará de que no somos sus criadas, sino sus hermanas mayores. De momento, volvamos con nuestros esposos, volvamos a nuestros pobres pero sencillos hogares y, cuando hayamos madurado nuestro plan, volvamos bien pertrechadas a castigar su altivez».

[11] Bien les pareció a estas dos malas personas su perversa maquinación y escondieron los tan valiosos presentes, mesaron sus cabellos, laceraron sus rostros –¡bien merecido lo tenían!– y rompieron en fingido llanto. Tras avivar el dolor de sus padres, cayeron estos en la mayor de las desesperanzas y en su henchida vesania regresan a sus casas para discurrir una infame maquinación, más aún, un auténtico parricidio contra su inocente hermana.

Entretanto, el marido, al que sigue sin conocer, continuaba con sus advertencias en las conversaciones nocturnas: «¿Es que no ves el peligro que te acecha? En lontananza Fortuna te amenaza y, como no te protejas bien, pronto con ella te enfrentarás. Unas desleales lobeznas se empeñan en arrastrarte a sus nefandas emboscadas, de las cuales la más grave es convencerte de que descubras mi rostro, que, como te he advertido con frecuencia, no volverás a ver si llegas a verlo. Así pues, si después de esto volvieran esas lamias pertrechadas con sus perversas intenciones –y vendrán, lo sé– no les des opción, y si no pudieras evitarlo a causa de tu mera candidez y la ternura de tu espíritu, no des oídos ni respondas a nada concerniente a tu marido. Vamos a tener familia y ese niño que se está gestando en tu pueril seno será un dios si mantienes en silencio nuestro secreto, un mortal si lo profanaras».

[12] Rebosaba de felicidad Psique con esta noticia y se embelesaba con el solaz de una divina descendencia, se regocijaba por la gloria del retoño por venir y se complacía en la dignidad del apelativo de madre. Cuenta con impaciencia los días que se acumulan y los meses que pasan y, sin conocimiento alguno de embarazos, se asombra de que tan leve punzada pudiera ocasionar tamaño desarrollo de su seno.

Mas ya aquellas despreciables, execrables Furias, exhalando ponzoña y presurosas navegaban con impía premura. Y entonces de nuevo el marido advierte a su querida Psique: «¡Ha llegado ya el postrero día y el momento decisivo! El sexo hostil y adversario consanguíneo ha tomado las armas, ha levantado el campamento, ha dispuesto la formación y ha sonado la trompeta de guerra; desenvainada la espada, tus nefandas hermanas apuntan a tu garganta. Ay, mi queridísima Psique, ¡qué calamidades se ciernen sobre nosotros! Compadécete de ti, de nosotros, con tu sagrada circunspección y líbranos de la inminente desventura que se cierne sobre tu casa, tu marido, sobre ti misma y nuestro pequeño. Y a esas criminales mujeres, a las que, rotos los lazos de consanguinidad y por el destructor odio que te tienen, no se puede llamar hermanas, no las veas ni las escuches cuando, como las sirenas, al asomarse a la roca, hagan resonar el roquedal con sus aciagas voces».

[13] Con palabras entrecortadas por el sollozante llanto, Psique contesta: «Tiempo ha, creo, que tienes pruebas de mi lealtad y discreción, y no menos te demostraré ahora la firmeza de mi carácter. Tú simplemente ordena a nuestro Céfiro de nuevo que cumpla con su cometido y, en compensación a la imposibilidad de contemplar tu sacrosanta faz, permíteme contemplar al menos la de mis hermanas. Por tus cabellos perfumados y ondulantes, por tus tiernas y tersas mejillas, tan semejantes a las mías, por tu pecho, del que desconozco en qué llama arde —ojalá conozca tu faz al menos en la de nuestro pequeño—, accede a la misericordiosa súplica de mi angustioso ruego concediéndome el fraternal abrazo y vivifica con esta alegría el ánimo de Psique, por completo consagrada y entregada a ti. Ya no volveré a pedirte más ver tu rostro, ya en nada me estorban las tinieblas de la noche: te tengo a ti, mi luz». Embelesado con estas palabras y los tiernos abrazos el marido, enjugando con sus cabellos las

lágrimas de ella, le prometió hacerlo así y al punto se marchó antes de que llegara la luz del naciente día.

[14] La pareja de hermanas, confabuladas en la maquinación, sin ni siquiera ir a ver a sus padres, desembarcan y se dirigen hacia los peñascos todo lo aprisa que pudieron y, sin esperar que soplara el viento que las había de transportar, se lanzaron temerariamente al vacío. Pero Céfiro, que no olvidó el mandato regio, aunque de mala gana, las tomó al abrigo de su brisa y las depositó en el suelo. Ellas, sin titubear y precipitadamente, entran en la casa y, abrazando a su presa llamándola –¡embusteras!– hermana y encubriendo con un rostro risueño la perfidia que oculta su corazón, así la lisonjean: «Psique, ya no eres la niña de antes, vas a ser madre. ¿Eres consciente de cuán gran obsequio nos traes con el fruto de tu seno? ¡Qué inmensa felicidad vas a proporcionar a toda nuestra casa! ¡Dichosas nosotras que vamos a criar a una joya de niño! Si, como es esperable,

tiene la belleza de sus padres, en verdad
nacerá otro Cupido».

[15] Con este fingido afecto conquis-
tan poco a poco la voluntad de su hermana. Al punto les ofrece asiento para
que se repongan del viaje, ordena que
les preparen un baño de agua tibia y las
invita a compartir en el magnífico come-
dor insólitos y maravillosos manjares de
refinados bocados. Manda que suene la
cítara: se oye una salmodia; que toquen
las flautas: suenan; que cante el coro:
canta. Sin que nadie hubiera presente,
esta música acariciaba con armoniosos
sones el espíritu del auditorio. Pero,
sin embargo, la maldad de las criminales mujeres no se dulcificaba ni calmaba
con aquellas cadencias más dulces que
la miel, sino que, pendientes en todo
momento de la asechanza, llevan la conversación disimuladamente hacia su propósito y empiezan a preguntarle quién es
su marido, de qué familia, de qué condición. Entonces ella, con excesiva candidez, olvidándose de su anterior versión,

inventa un nuevo relato y dice que su marido era de una provincia vecina, un comerciante muy rico, de mediana edad y con alguna que otra cana. Y, sin detenerse más en el asunto, las colmó de suntuosos presentes y las confió de nuevo al ventoso transporte.

[16] Mientras vuelven a casa en alas de la suave brisa de Céfiro, así cambiaban impresiones: «¿Qué me dices, hermana, de la horrenda mentira de la insensata? El otro día era un adolescente barbilampiño, ahora es de mediana edad y luce canas. ¿Quién es ese que en tan breve espacio de tiempo ha envejecido? Querida hermana, solo cabe una alternativa, o esta desgraciada se lo ha inventado o no sabe cómo es su marido; sea lo que sea hay que despojarla cuanto antes de su suntuosa posición. Si no conoce el rostro de su marido, seguro que está casada con un dios y nos va a dar a luz un dios. Y si un niño divino llegara a llamarla madre –que ya veremos–, al punto me cuelgo de una soga. Entretanto volvamos a casa de

37

nuestros padres y entretejamos un discurso verosímil para nuestro plan».

[17] En este estado de agitación, tras
dirigir de mala gana apenas unas palabras
a sus padres, pasan la noche en vela; por
la mañana, desesperadas, van raudas a la
roca y desde allí, con la ayuda del acostumbrado viento, descienden impetuo-
samente y, frotándose los párpados para
provocar el llanto, se dirigen a la joven
con estas falaces palabras: «Tú, en tu
ignorancia, vives feliz sin percatarte del
peligro que te acecha; nosotras, en cambio, en permanente alerta, velamos por
tus intereses y nos atormentan las desgracias que te afectan. Y es que hemos
descubierto, de una fuente fiable, y no
podemos ocultártelo en cuanto compa-
ñeras tuyas en el dolor e infortunio, que
una colosal serpiente de muchos y enormes nudos, cuya garganta está repleta de
mortal veneno y con una boca de aterradora profundidad, es quien por la
noche descansa en secreto contigo. Ahora
recuerda el oráculo de Pitia, que dijo que

tu destino era casarte con una feroz bestia. Muchos campesinos y cazadores de esta comarca y casi todos los habitantes la han visto por la noche, cuando vuelve de pastar, cruzando a nado el cercano río. [18] Todos dicen que no va a estar mucho obsequiándote con estos ricos manjares, sino que tan pronto como esté a término tu embarazo te devorará como al fruto más sabroso. Ahora te toca a ti decidir si quieres hacer caso a tus hermanas, que se desviven por salvarte, y, tras escapar de la muerte, vivir con nosotras fuera de peligro, o si prefieres tener las entrañas de tan cruel bestia por sepultura. En el caso de que te plazcan el aislamiento de las voces de este solitario campo, los amores clandestinos de una unión repugnante y peligrosa, y los abrazos de una serpiente ponzoñosa, nosotras habremos cumplido con nuestro deber de misericordes hermanas».

Entonces la pobre Psique, alma cándida y tierna, se dejó aterrar por tan aterradora revelación. Fuera de sí, se olvidó de todas las advertencias de su marido y de sus propias promesas, se precipitó en un abismo de infortunios y trémula, lívida, pálida les dijo con voz apagada palabras entrecortadas: [19] «Es cierto que vosotras, queridísimas hermanas, como no podía ser menos, permanecéis leales a los vínculos fraternales, y los que os aseguran tales cosas no me parecen mentir. Y es que nunca he visto el rostro de mi esposo, ni siquiera conozco su lugar de procedencia. Solo escucho por la noche el susurro de su voz y tolero a un marido de incierta condición que desaparece antes de la llegada del alba; estoy de acuerdo con vosotras al decir que ha de ser algún tipo de monstruo. Siempre se empeña en que no descubra su faz y me atemoriza con enormes desgracias si muestro curiosidad a propósito de su rostro. Si podéis acudir en ayuda de vuestra hermana en peligro, ahora es el momento de que lo hagáis; si la desidia sigue a la determinación, se malogran sus beneficios». Entonces, abiertas de par en par las puertas de la plaza y al descubierto el alma de su hermana, estas criminales mujeres, renunciando ya a ocultar sus planes, desenvainaron la espada de su embeleco y se arrojaron sobre las asustadizas cavilaciones de la inocente muchacha.

[20] Dice al fin una de ellas: «Como quiera que los vínculos de la sangre nos empujan a obviar cualesquiera peligros que puedan presentarse cuando se trata de tu seguridad, vamos a mostrarte, después de pensarlo mucho, el único camino que conduce a tu salvación. Toma un puñal bien afilado y, tras bruñirlo suavemente sobre la palma de tu mano, escóndelo junto a la cama en la parte en que sueles acostarte; hazte también con una lámpara de aceite que emita luz clara y escóndela en un pequeño recipiente cubierto. Ocúltalo todo con muchísimo cuidado, para que, cuando llegue arrastrándose surcando el suelo, haya subido a la cama para acostarse como de costumbre, se haya acomodado y entre en

el primer sueño resoplando presa del sopor, te escurras de la cama y descalza, de puntillas, con mucho cuidado saques la lámpara de su escondite de ciegas tinieblas y sigas el consejo que te da la luz para encontrar el momento adecuado para tu osada empresa; levanta con decisión tu mano derecha armada y con un certero golpe separa de un tajo la cabeza de la cerviz de la terrible serpiente. No te faltará nuestra ayuda; tan pronto como te hayas salvado tras darle muerte, nos apresuraremos a ir a tu lado, juntas sacaremos de allí todas las riquezas y, en unas nupcias deseadas, te uniremos a un hombre».

[21] Encendidas las entrañas con el incendio provocado por las ardientes palabras de su hermana, la dejan sola temiendo la inminencia de tamaña tragedia; en alas del viento como de costumbre son transportadas a la cumbre del roquedal y de allí emprenden una huida precipitada y al punto se marchan en las naves. Pero Psique, a la que han dejado sola, ya no está sola, pues las hostiles Furias la

42

atormentan y en su tristeza fluctúa como las olas del piélago, y aunque la decisión está tomada y es firme su propósito, sin embargo, titubea al emprender los preparativos del crimen y se siente arrastrada por sentimientos contradictorios. Se apresura, se detiene; se atreve, se asusta; desconfía, se encoleriza y, en suma, en el mismo cuerpo odia al monstruo, ama al marido. Al atardecer, con la oscuridad hace aprisa los preparativos para el nefando crimen. La noche llegaba, el marido llegaba y, tras una amorosa escaramuza, había caído sumido en profundo sueño.

[22] Entonces Psique, desfallecida en cuerpo y alma, pero aun así sostenida por la cruel voluntad del destino, recobra sus fuerzas y, tras coger la lámpara y el puñal, su debilidad se transforma en atrevimiento. Pero cuando, al aproximar la luz, los arcanos de la alcoba se iluminaron, ve la más tierna y agradable criatura de entre las fieras: era el dios Cupido en persona acostado en su hermosura, a cuya presen-

cia incluso la luz de la lámpara se avivó y el filo del sacrílego puñal sintió arrepentimiento. Entonces Psique, desfallecida ante tamaña presencia y ya no dueña de su ánimo, lívida, desmadejada, trémula cae de rodillas e intenta esconder el hierro, hundiéndolo en su pecho; sin duda lo habría hecho si el hierro, horrorizado por tamaña infamia, no se le hubiese caído deslizándose entre sus manos insensatas. Abatida, sin esperanza de salvación, mientras contempla una y otra vez la belleza del divino rostro, recupera el aliento. Admira su radiante copiosa cabellera ebria de ambrosía, su níveo cuello y las purpúreas mejillas surcadas de graciosos rizos, caídos hacia delante unos, hacia atrás otros, ante cuyo refulgente fulgor la propia luz de la lámpara palidecía; en la espalda del volátil dios blanqueaban unas alas impregnadas con el brillo del rocío, y aun en reposo revoltosas juguetean sus suaves y delicadas plumillas; el resto de su cuerpo era tan terso y hermoso que la propia Venus no podría lamentarse de

44

haberlo parido. Al pie del lecho estaban tendidos el arco, el carcaj y las flechas, las armas propicias del gran dios. [23] Mientras Psique, presa de su insaciable curiosidad, escudriña, manosea y admira las armas de su marido, saca una flecha del carcaj y se arriesga a experimentar su aguda punta en la yema del pulgar; le tembló el pulso y apretó con demasiada fuerza, de modo que unas pequeñas gotas de rosada sangre brotaron de la piel. Así, sin percatarse y de modo natural, Psique se enamoró del Amor. Ardiendo más y más en deseo por Cupido se dejó caer apasionadamente sobre él cubriéndolo de irresistibles y atrevidos besos, aunque temía interrumpir su sueño. Y mientras titubeaba entre la agitación y la turbación por tan gran felicidad, la lámpara, quién sabe si por deleznable deslealtad o si por el ardiente deseo de tocar semejante cuerpo y besarlo, dejó caer una gota de aceite hirviendo sobre el hombro derecho del dios. ¡Ay lámpara intrépida e imprudente, vil servidora del amor, quemas al propio dios de todas las hogueras, cuando eres el invento de algún amante para gozar durante más tiempo del objeto de su deseo en la noche! Por efecto de la quemadura, el dios despertó sobresaltado y, al ver que su secreto había dejado de serlo, zafándose de los besos y los brazos de su desdichadísima esposa, sin mediar palabra, se fue volando.

[24] Ah, pero Psique, en el momento en que remontaba el vuelo, se agarró con ambas manos a su pierna derecha; la miseranda cual péndulo quiere acompañarlo por entre el éter cubierto de nubes hasta los últimos confines, hasta que agotada cae al suelo. El dios amante no la abandonó al verla yacer en el suelo, sino que voló a un ciprés cercano y desde su copa profundamente conmovido le habla así: «Yo, muy ingenua Psique, obviando los mandatos de mi madre, Venus, que me había ordenado esclavizarte con el amor al último de los hombres, un desdichado, en vez de encadenarte con un pésimo matrimonio, yo mismo preferí

ser tu amante y volé junto a ti. En esto he obrado a la ligera, lo sé, y yo que paso por ser el más certero asaetador me he herido con mi flecha y te hice mi esposa, para que tú me veas como un monstruo e intentes cortarme con un puñal la cabeza, esa que alberga estos ojos que aman los tuyos. Pensaba que te había precavido bastante contra esto, y con benignidad te lo recordaba una y otra vez. Pero esas eminentes consejeras tuyas me van a pagar muy pronto el precio de tan nocivas lecciones; en cuanto a ti, solo te castigaré con mi huida». Cuando terminó de hablar, con sus alas remontó las alturas.

[25] Psique, postrada en tierra y, mientras era capaz de verlo, siguiendo el vuelo de su marido, laceraba su espíritu con profundos lamentos. Cuando con el batir de sus alas la profundidad del cielo lo hizo perderse, ella se arrojó a las aguas de un río cercano. Pero el afable río, sin duda en respeto al dios que acostumbra a encender las propias aguas, temiendo por sí mismo, la acogió al punto sin cau-

sarle daño alguno y la depositó sobre la floreciente hierba de la ribera. Entonces por casualidad el agreste dios Pan estaba sentado sobre una loma junto al río abrazado a Eco, la diosa de las montañas, y le enseñaba a repetir toda suerte de sonidos; junto a la ribera retozaban sueltas paciendo la hierba del río unas cabras. El dios de patas de chivo, viendo a la turbada y doliente Psique, sin ignorar lo que le ocurría, la llamó bondadosamente y trató de calmarla con consoladoras palabras: «Preciosa muchacha, solo soy un campesino y pastor de cabras, pero debido a mi senectud tengo mucha experiencia. Si estoy en lo cierto, algo que los hombres juiciosos llaman adivinación, por tu andar vacilante e inseguro, por la palidez de tu cuerpo y la frecuencia de tus suspiros, por tus ojos marchitos, sufres por un gran amor. Escúchame, pues, y no vuelvas a precipitarte al vacío ni recurras a ningún otro procedimiento para quitarte la vida. Deja a un lado el dolor y la tristeza depón, en su lugar invoca mejor suplicante al mayor de los dioses, Cupido, que, como es joven, sensible y apasionado, con una humilde sumisión se dejará ganar».

[26] Así habló el dios pastor y, sin darle respuesta alguna, Psique, tras adorarlo cual divinidad protectora, siguió su camino. Tras haber recorrido en azarosa marcha un largo sendero, al declinar el día llegó por una desconocida vereda a una ciudad en la que reinaba el marido de una de sus hermanas. Cuando se enteró, Psique expresó su deseo de anunciar su presencia a su hermana; enseguida pasó y, tras los mutuos abrazos y salutaciones, y preguntarle por el motivo de su llegada, comienza así: «Recordarás vuestro consejo, por el que me convencisteis de que matara con un puñal de doble filo al monstruo que con el falso nombre de marido pasaba las noches conmigo, antes de que su voracidad me devorara, pobre de mí. Pero antes, como habíamos convenido, contemplé su rostro gracias a la lámpara y pude ver ante mí una maravi-

llosa y divina presencia, el hijo de la diosa Venus, digo que era Cupido en persona, sumido en apacible sueño. Extasiada ante semejante presencia, excitada por el deseo de una atracción que no podía disfrutar, por un desgraciado azar cayó en su hombro una gota de aceite hirviendo de la lámpara. Al punto salió de su sueño por el dolor y al verme armada con el hierro y el fuego dijo: 'Por tu nefanda acción, vete ahora mismo de mi lecho, llévate todo lo que te pertenece, que yo con tu hermana –y pronunció tu nombre– voy a contraer matrimonio', y acto seguido ordenó a Céfiro que de un soplo me echara de los confines de su casa».

[27] No había terminado de hablar Psique cuando ella, arrastrada por una desenfrenada pasión y una malsana envidia, tras urdir una mentira para engañar a su marido, como si le hubiesen llegado noticias de la muerte de sus padres, embarca y se dirige directa al roquedal, y, aunque soplaba un viento contrario, se arrojó al vacío en inmenso salto con una ciega

esperanza diciendo: «Tómame, Cupido, como tu digna esposa y tú, Céfiro, acógeme como tu señora». Sin embargo, ni siquiera muerta pudo llegar a aquel lugar. En su caída por los peñascos del roquedal sus miembros fueron desgarrados y diseminados; tuvo la suerte que merecía. Sus entrañas laceradas fueron pasto inesperado para las aves y demás fieras.

No tardó en llegar la segunda parte de la venganza. Psique, reemprendiendo su errabundo caminar llega a otra ciudad en la cual vivía su otra hermana en condiciones similares. Atrapada en la misma falacia de su hermana, el deseo de suplantarla en unas nupcias infames la apresuró al roquedal y de allí cayó en igual muerte.

[28] Entretanto, mientras Psique iba de acá para allá recorriendo pueblos en busca de Cupido, él, doliéndose de la herida provocada por la lámpara, tumbado en el lecho de su propia madre se lamentaba. Entonces, aquella ave blanquísima que acaricia con sus alas las olas del Ponto en su vuelo, la gaviota, se

sumergió en la profundidad de Océano. Allí precisamente estaba Venus bañándose y nadando; poniéndose junto a ella le dice que su hijo ha sufrido una grave y dolorosa quemadura que le tiene muy abatido, que su estado es preocupante y que de boca en boca por doquier corrían maliciosas murmuraciones acerca de toda la familia de Venus; él en su montaraz desenfreno tras una cualquiera y tú nadando en el mar habéis desaparecido y por ello no hay ya pasión, ni alegría, ni donosura alguna, sino que todo se ha vuelto desaliñado, tosco, grosero, que no hay casamientos, ni relaciones amistosas, ni cariño por los hijos, sino una enorme corrupción y un desagradable abandono y desprecio hacia los pactos.

Aquel ave lenguaraz e indiscreta graznaba así en los oídos de Venus desprestigiando la fama de su hijo. Ah, pero Venus iracunda grita súbitamente: «¿Así es que el bueno de mi hijo tiene una amante? Venga, dime tú, que eres la única que me sirve con afecto, el nombre de la que ha soliviantado a un inocente niño imberbe, si es alguna de las muchas Ninfas o de las numerosas Horas o del coro de Musas o una de las Gracias a mi servicio». La locuaz ave no se calló: «No lo sé, señora; creo que la niña, si mal no recuerdo, según dicen, se llama Psique; se dice que está perdidamente enamorado de ella». Entonces Venus indignada gritó con todas sus fuerzas: «¿De verdad ama a Psique, la émula de mi hermosura y mi nombre? O sea, que ese mequetrefe me ha tomado por una alcahueta y se ha creído que le presenté a esa niña para que tuviera relaciones con ella».

[29] A voz en grito emerge de las aguas del mar y se dirige súbitamente a su dorado aposento; tal y como había oído, encontró a su hijo enfermo y desde la misma puerta gritándole con todas sus fuerzas le dice: «¡Menudo comportamiento el tuyo, digno de nuestra familia y de tu moralidad, que has pisoteado las órdenes de tu madre, mejor de tu señora, que no quisiste atormentar a mi enemiga con unos

astrosos amoríos, sino que, antes bien, a tu edad, siendo aún un niño, te unes a ella con disolutos y prematuros abrazos, para que tenga yo que tolerarla como nuera, a mi enemiga! Seguro que te crees, petime-tre, seductor, arisco, que solo tú guardas la prosapia de nuestra estirpe y que yo ya no tengo edad de concebir. Pues quiero que sepas que voy a tener otro hijo mejor que tú, es más, para mayor oprobio voy a adoptar a uno de los esclavos criados en casa y le voy a dar las alas, la antorcha, el arco y las flechas y todos los pertrechos, que son míos y que te había dado a ti no precisamente para ese uso, pues nada de lo que has recibido deriva de los bienes de tu padre. [30] Como te he malcriado desde niño, tienes las manos lacerantes y has maltratado de manera irrespetuosa a tus mayores, incluso a tu propia madre, sí, yo misma, parricida, me veo a diario puesta en evidencia, me has golpeado con frecuencia y me desprecias como a una mujer abandonada y no sientes el más mínimo respeto por tu padrastro, el más valiente e importante guerrero. ¿No es así? Para atormentarme, le has estado proporcionando jovencitas. Pero ya voy a hacer yo que te arrepientas de tus jueguecitos y sientas la acritud y amargura de ese matrimonio. De momento, ¿qué hago yo ahora con el ridículo en que me has puesto? ¿Dónde me dirijo? ¿Cómo puedo controlar a esa lagartija? ¿Acaso he de buscar ayuda en mi enemiga Sobriedad, a la que con frecuencia he ofendido por culpa de la lascivia de este? Es que detesto la conversación con esa paleta y desaliñada. Y sin embargo no hay que despreciar el placer de la venganza, venga de donde venga. A ella y a nadie más he de recurrir, ella castigará severamente a este sinvergüenza, le vaciará el carcaj y le quitará las flechas, soltará la cuerda del arco y le apagará la antorcha, más aún, frenará todos sus impulsos con desabridos remedios. Me daré por satisfecha cuando le haya rapado esa cabellera que con mis manos tantas veces froté con lociones doradas, cuando le haya cortado esas alas que perfumé con el néctar de mi propio seno».

[31] Una vez que así habló, salió furiosa y colérica la bilis –¡la bilis de Venus!–. Al poco se encuentra con Ceres y Juno que, al verla demudada, le preguntaron por la razón de aquel gesto que desfiguraba la gracia de sus chispeantes ojos. Ella les dice: «Qué a propósito llegáis para darle a mi corazón la satisfacción que reclama. Haced todo lo posible, os lo ruego, por encontrarme a esa Psique que se ha dado a la fuga. Porque seguro que no se os esconde el sonado escándalo de mi casa ni las gestas del que ya no merece llamarse hijo mío».

Entonces ellas, que no desconocían lo que había ocurrido, intentaron sosegar la ira sañuda de Venus. «Señora, ¿qué disparate tan grande ha cometido tu hijo como para que con tamaña vehemencia vayas contra sus deseos y anheles vivamente causar la ruina de la que él ama? Dinos, por favor, ¿qué crimen comete por querer agradar a una linda jovencita?

¿Es que ignoras que es un varón joven o te has olvidado de la edad que tiene? ¿Es que te crees que va a ser siempre un niño por parecer infantil? Tú eres madre y, además, una mujer sensata, ¿vas a estar siempre espiando sus coqueteos, reprochándole sus apetitos y confundiendo sus amoríos a este hermoso hijo que no hace sino servirse de tus artes y tus encantos? ¿Qué dios, qué mortal tolerará que sigas diseminando pasiones por todas partes cuando en tu propia casa reprimes los amores al amor y cierras el mercado público de las pasiones femeninas?». Así es como ellas, por miedo a sus flechas, favorecían la causa de Cupido, incluso ausente, para tenerlo propicio. Pero Venus, indignada por ver que se tomaban a broma la ofensa recibida, las plantó y con paso ligero se dirigió al mar.

VI [1] Entretanto Psique no paraba afanosa de ir de un lado a otro, días y noches, en busca de su marido, y azorada en su corazón tanto más deseaba, si no domeñar su cólera con caricias de esposa, sí al menos aquietarlo con súplicas de esclava. Al ver un templo en lo alto de un escarpado monte, dice: «¿Quién sabe si vive allí mi señor?». Allí se encamina aprisa y, si bien es cierto que desfallecía por las asiduas fatigas, la estimulaban la esperanza y el deseo. Ya había ganado con empuje la elevada cima y entra en el santuario. Ve espigas de trigo amontonadas y otras trenzadas en coronas, también ve espigas de cebada. Había también hoces y todos los pertrechos para la siega, pero todo tirado por el suelo en descuidado desorden, tal y como en las horas de calor suelen dejarlo los braceros. Psique recoge cuidadosamente todos y cada uno de los aparejos y los ordena según el rito, en la idea de que no se puede descuidar el templo ni los ritos de ninguna divinidad, sino que hay que implorar la benévola compasión de todas ellas.

[2] Mientras solícita y cuidadosamente está arreglando todo, la nutricia Ceres la sorprende y exclama desde lejos: «¿Es

posible que seas la desdichada Psique? Por el universo mundo va Venus colérica en angustiosa búsqueda tras tus huellas, te reclama para el último tormento y pide insistentemente venganza con todas las fuerzas de su divinidad. ¿Tú, en cambio, te ocupas de mis cosas y piensas en todo menos en tu salvación?». Entonces Psique, postrándose a sus pies, regándolos con abundante llanto y barriendo el suelo con sus cabellos, implora su protección con fervorosas súplicas: «Yo, por la fertilidad de esta tu mano diestra, te conjuro, por las alegres ceremonias de la siega, por los arcanos secretos de tus cestas, por la alada carroza de dragones que te sirven, por los surcos de los terrones de Sicilia, por el raptor carro y la tenaz tierra y el viaje a las profundidades para las tenebrosas nupcias de Proserpina y la luz del regreso de tu hija, por todos los demás misterios que guarda en silencio el santuario de la ática Eleusis, compadécete de la desdichada Psique que te invoca de corazón. Permite que me oculte bajo estos haces de espigas, siquiera unos pocos días, hasta que el tiempo haya aplacado la sañuda ira de tan notable diosa, o al menos para que, desfallecida, pueda reponerme con un momento de descanso».

[3] Responde Ceres: «Me siento conmovida por tus lacrimosas preces y deseo ayudarte, pero no puedo enemistarme con la que es pariente mía, y además buena mujer, con la que cultivo desde antaño una estrecha amistad. Vete inmediatamente de este templo y date por contenta con que no te retenga y te haga prisionera».

Psique, rechazada en contra de lo que esperaba y afligida por una doble aflicción, da media vuelta y, siguiendo su camino, en medio de un bosque sagrado moderadamente iluminado al fondo de un valle, vislumbra un templo de elegante arquitectura. Como quiera que no desee dejar pasar ninguna ocasión, por incierta que sea, de mejorar su suerte, sino que busca la ayuda de cualquier divinidad, se aproxima a las sagradas puertas. Ve portentosas ofrendas y, colgadas de las ramas de los árboles y de las jambas de las puertas, telas con inscripciones en letras de oro que testimonian el agradecimiento por una gracia otorgada con el nombre de la diosa a quien están dedicadas. Entonces, hincada de rodillas y abrazada al ara aún tibia, enjugándose las lágrimas, así suplica: [4] «Hermana y esposa del gran Júpiter, ya te encuentres en tu antiguo santuario de Samos, que se gloría de tu nacimiento, tus primeros vagidos y tu crianza, o frecuentes las dichosas moradas de la soberbia Cartago, que te honra como virgen que viaja al cielo transportada por un león, o junto a las riberas del Ínaco, que te recuerda como esposa del Tonante y reina de los dioses, estés velando por las afamadas murallas de Argos, tú, a quien se venera en el Oriente todo como Zygia y a quien todo Occidente invoca como Lucina, sé para mí Juno Protectora en esta desesperanzada situación y líbrame, agotada como

estoy de soportar tamaños padecimien-
tos, del miedo al peligro que me acecha.
Según sé, acostumbras a acudir en auxi-
lio de las encintas en apuros». Juno, ante
tales súplicas, sin dilación, con toda la
excelsa dignidad de su divinidad, se presenta y le dice: «¡Cómo quisiera acceder
a tus súplicas! Pero mi sentido del honor
no me permite ir contra la voluntad de
mi nuera, Venus, a la que siempre he
querido como a una hija. Además, me lo
impiden las leyes que prohíben amparar a
esclavos ajenos prófugos contra la voluntad de sus amos».

[5] Psique, ante este nuevo revés de la
fortuna, se siente completamente supe-
rada temiendo no ser capaz de alcanzar
a su alado marido y así reflexiona en su
interior: «¿Qué otras cosas puedo inten-
tar o a dónde dirigirme para encontrar
ayuda ante mis tribulaciones, cuando ni
siquiera las propias diosas, a pesar de
su buena voluntad, han podido soco-
rrerme? ¿A dónde he de encaminarme,
envuelta como estoy en tan vastas tram-

pas, bajo qué techo o escondida en qué tenebrosidad voy a poder huir de los ineludibles ojos de la gran Venus? ¿Por qué no te comportas como un hombre, renuncias con valor a ese vano rayo de esperanza, te entregas voluntariamente a tu señora y, aun tarde, mitigas con docilidad su cruel acoso? ¿Quién sabe si acaso aquel al que estás buscando lo encuentras allí, en casa de su madre?». Así, resuelta a afrontar la incierta rendición, más aún, el seguro desastre, cavila cómo comenzar su imploración.

[6] Por su parte, Venus, renunciando a seguir con las indagaciones por tierra, se dirige al cielo. Da orden de que se pertreche el carro que el orfebre Vulcano había fabricado con su delicada destreza y le había ofrecido como regalo de boda antes de consumarla en el tálamo, un prodigioso trabajo de lima al que al tiempo que iba adelgazando el oro, le iba añadiendo valor. De las innúmeras que habitan cerca del aposento de la señora, se adelantan en alegre vuelo cuatro palomas blancas y,

humillando sus atornasolados cuellos, se uncen al yugo de gemas y, una vez montada la señora, emprenden contentas el vuelo. Retozan atronantes gorriones siguiendo el carro de la diosa y las demás aves que cantan con dulzura anuncian la llegada de la diosa con sedosas melodías. Se hacen a un lado las nubes, se abre Cielo para su hija y lo más profundo del éter acoge con gozo a la diosa; no se asusta el inmenso canoro cortejo de la diosa ante las águilas y voraces gavilanes que salen al encuentro. [7] Se dirige directamente a la regia ciudadela de Júpiter y le pide con arrogancia los servicios de Mercurio, dios de vibrante voz, para un importante asunto. No se negó Júpiter, el de oscuro entrecejo. Entonces, Venus triunfante, en compañía de Mercurio, desciende del cielo y, con honda preocupación, gesta este discurso: «Hermano arcadio, bien sabes que tu hermana Venus jamás hizo nada sin contar con Mercurio y no se te escapa cuánto llevo buscando inútilmente a la esclava que se oculta. No me queda otra que pedirte que pregones una recompensa para quien la encuentre. Date prisa en cumplir mi encargo y muéstrame las señales que me permitan identificarla con certeza, para que, si alguien fuese acusado de ocultarla, no pueda alegar en su defensa que no lo sabía». Al decirle esto, le entrega unas notas con el nombre de Psique y otros detalles. Acto seguido se retiró a su morada.

[8] No dejó de obedecer Mercurio. Yendo de población en población por todo el orbe, en estos términos cumplía con el encargo: «Quien pueda detener en su fuga o decir dónde se oculta la hija fugitiva de un rey, esclava de Venus, llamada Psique, que se encuentre conmigo, el pregonero Mercurio, tras las columnas Murcias, y será recompensado con siete dulces besos de la propia Venus y uno más, pura miel, con la caricia de su lengua».

Con tal anuncio de Mercurio el deseo de tamaña recompensa excitó a porfía el afán de todos los mortales. Esta circuns-

tancia disipó completamente toda inde-
cisión por parte de Psique. Ya se estaba
aproximando a las puertas de su señora
cuando se encuentra con una de las sirvientas de Venus, llamada Costumbre,
que al punto voz en grito dice: «Finalmente, maldita esclava, ¿te has dado
cuenta de que tienes una señora? ¿Acaso,
con tu descaro, vas a fingir que desco-
noces las fatigas que hemos arrostrado
buscándote? Por suerte has caído justo
en mis manos, estás en las mismas garras
del Orco y vas a sufrir enseguida el castigo
que merece tamaña contumacia».

[9] Con insolencia la cogió por los
pelos y la arrastró sin que opusiera resis-
tencia alguna. En cuanto la llevaron ante
Venus y la vio, soltó una estruendosa car-
cajada, como la de los que están presos
de la enajenación, y meneando la cabeza
y rascándose la oreja derecha le dice:
«¿Por fin te has dignado a venir a salu-
dar a tu suegra? ¿O más bien has venido
a visitar a tu marido, cuya vida está en
peligro por la herida que le causaste?

Pero estate tranquila, que te voy a dispensar el trato que se le da a una buena nuera». Y añade: «¿Dónde están mis sirvientas Preocupación y Tristeza?». Las hizo venir y les entregó a Psique para que la torturaran. Siguiendo la orden de su ama, tras azotar y martirizar con distintos tormentos a la desdichada Psique, la llevan de vuelta a presencia de la señora. Entonces Venus, aguantando la risa, le dice: «Fijaos cómo quiere enternecerme con el embeleso de su hinchado vientre, del que saldrá la esclarecida descendencia que me convertirá en dichosa abuela. ¡Qué felicidad! En la flor de la vida me llamarán abuela, y al hijo de una miserable esclava, nieto de Venus. ¡Seré tonta! En absoluto lo puedo considerar su hijo, pues esas nupcias son nulas, además se han contraído en el campo, sin testigos, sin el consentimiento paterno y no se pueden tener por legítimas, razón por la cual el hijo que va a nacer será bastardo, y ello si dejamos que el embarazo llegue a término».

[10] Tras hablar así, se lanza sobre ella, hace girones sus vestiduras, le tira de los pelos, le sacude la cabeza violentamente. Manda traer trigo, cebada, mijo, semillas de adormidera, garbanzos, lentejas y habas y, tras mezclarlo todo bien en una montonera, le dice: «Me pareces una sirvienta tan fea que solo podrías congraciarte con tus amantes ofreciéndoles un esmerado servicio; te voy a poner a prueba con estos granos. Separa de este montón las semillas que he mezclado, clasifica todas y cada una por separado y antes del anochecer vendré a dar mi beneplácito». Allí la deja ante la montonera de granos y se fue a un banquete nupcial. Psique ni siquiera se molestó en acercar sus manos a ese montón confuso e intrincado, sino que, conturbada por la inmensidad del encargo, se quedó en silencio atónita. Entonces una hormiga, ese pequeño habitante del campo, sabedora de la dificultad del inconmensurable encargo, compadeciéndose de la compañera del gran dios y maldiciendo

la crueldad de la suegra, yendo de acá para allá reúne a toda clase de hormigas que habitaban el lugar y les hace este ruego: «Compadeceos, diligentes hijas de la fecunda tierra, compadeceos de esta encantadora muchacha, esposa de Amor, socorrámosla con prontitud del peligro que se cierne sobre ella». Se precipitan las unas sobre las otras, oleadas de individuos de seis patas, y con toda diligencia separaron ordenadamente los granos de la montonera, los distribuyeron y clasificaron por tipos, y con rapidez desaparecieron de la vista.

[11] Al llegar la noche regresa Venus del banquete nupcial absolutamente ebria, perfumada y con el cuerpo envuelto en resplandecientes rosas y, al ver la pulcritud del prodigioso trabajo, dice: «¡No has sido tú, inútil, no es obra de tus manos, sino de aquel al que sedujiste para su propia desgracia y la tuya!». Tras lanzarle un despreciable trozo de pan, se fue a dormir. En esto, Cupido estaba retenido y encerrado en un cuarto

del sótano del palacio, tanto para evitar que su herida se agravara con la insolencia de su desenfreno, como para que no se encontrase con el objeto de su deseo. Así, ambos apuraban aquella abominable noche bajo el mismo techo, sí, pero separados.

En el momento en que Aurora iniciaba su galopada, Venus llama a Psique y le espeta: «¿Ves aquel bosque que se extiende a lo largo de la ribera del río y cuyas ramas se reflejan en las cercanas aguas? Allí pacen sin vigilancia de pastor alguno unas ovejas adornadas con vellones brillantes como el oro. Hazlo como quieras o puedas, pero tráeme unas hebras de ese precioso vellón cuanto antes».

[12] Se apresuró Psique, no con la intención de cumplir el mandato, sino para precipitarse contra las rocas del río y así encontrar descanso a sus males. Pero desde el río una verde caña, instrumento de melodiosa armonía, con la divina inspiración de la dulce brisa le vaticina así:

«Psique, aun atormentada por tamañas tribulaciones, con tu muy desdichada muerte no profanes mis sagradas aguas ni en este momento intentes aproximarte a esas formidables ovejas, porque cuando están expuestas a los rayos del sol se ven poseídas de una fiera exasperación y con sus punzantes cuernos y su testuz rocosa, incluso con sus mordiscos ponzoñosos, atacan a los mortales hasta la muerte. Así pues, cuando se haya aplacado el sol de mediodía y el rebaño repose en el sosiego de la brisa del río, podrás ocultarte bajo aquel altísimo plátano, que bebe de las mismas aguas que yo. Y tan pronto como las ovejas, aplacada su furia, se hayan relajado, encontrarás su dorada lana enredada en la fronda de los árboles del bosque, porque por doquier queda enganchada en el follaje».

[13] Así la sencilla y humana caña revelaba a la pobre Psique su salvación. No hubo de arrepentirse de llevar a cabo lo referido, sino que, tras seguir puntualmente todo lo aconsejado, le lleva a

71

Venus, bien repleto el regazo, la dorada lana conseguida con absoluta furtiva facilidad. Sin embargo, tampoco fue merecedor de aprobación el peligro de esta segunda prueba, sino que frunciendo el ceño y con una amarga mueca de sonrisa le dice así: «Tampoco se me escapa quién es el ilegítimo autor de esta proeza. Ahora voy yo a poner a prueba si realmente estás pertrechada con un valeroso carácter y una singular sensatez. ¿Ves aquel pico en la parte más elevada de la cúspide de la escarpada montaña, del que brota una tenebrosa fuente de negruzcas aguas que recoge la cuenca del valle cercano para bañar luego la laguna Estigia y alimentar los broncos torrentes del Cocito? Pues bien, en lo alto, del mismo manantial del que fluye el helado líquido, tráeme enseguida esta vasija llena». Así habló, le dio un pequeño recipiente de cristal y, tras lanzarle las más terribles amenazas, se marchó.

[14] Con aplomo dirige sus pasos a la cima del monte en el convencimiento de

que allí, por fin, hallaría el fin a su penar. Pero, en cuanto arribó a las lindes de la cúspide, se encuentra con una insalvable dificultad. Y es que una roca de colosal magnitud, inaccesible por lo escarpada y resbaladiza, era la que vomitaba de sus entrañas una impresionante cascada que, en el momento de brotar, se precipitaba por la pendiente y, oculta en profundos desfiladeros, iba a parar en su caída al valle cercano. A derecha e izquierda, desde unas cuevas perforadas en la roca, alargaban su cuello feroces dragones con los ojos vigilantes, desmesuradamente abiertas las pupilas. Las propias aguas, capaces de hablar, se defendían y gritaban: «¿Qué haces? ¡Cuidado! ¿Qué estás intentando? ¡Atención! ¡Huye! ¡Te vas a matar!». Psique, ante lo inabordable de la misión, se quedó petrificada; aunque físicamente presente, sin embargo, sus sentidos estaban ausentes y, sobrepasada por el inextricable peligro, carecía incluso del postrer consuelo que proporcionan las lágrimas.

[15] La congoja de aquella alma inocente no pasó desapercibida a los atentos ojos de Providencia. Y es que, de improviso, desplegadas las alas, se presentó el ave real del supremo Júpiter, el águila, que recuerda el antiguo favor por el cual, bajo los auspicios de Cupido, había podido raptar a un joven frigio como copero de Júpiter, y ahora quería dar cumplido agradecimiento a la divinidad auxiliando a su doliente esposa; dejando las celestiales alturas y revoloteando ante la mirada de la joven le dice: «¡Ay qué ingenua y sin experiencia en estas lides! ¿Acaso te crees que vas a poder robar una sola gota, siquiera acercarte, de esta sacrosanta y espantosa fuente? ¿Es que no has oído que los dioses, incluso el propio Júpiter, sienten pavor de las aguas de Estigia o que de la misma forma que vosotros juráis por los númenes dioses, los dioses lo suelen hacer por la majestuosidad de Estigia? Anda, dame la vasija». La coge y agarra firmemente y, batiendo sus dúctiles alas, extendidas como remos a derecha

e izquierda, pasa entre los rostros de los dragones provistos de crueles dientes y lenguas trífidas, llega hasta las aguas huidizas, que lo amenazan para que se vaya si quiere salir incólume, y les dice que ha venido por orden de Venus, a cuyo servicio está, de modo que le resultó un poco más fácil conseguirlo.

[16] Así fue como Psique, una vez recogida, con enorme alegría, la vasija llena, fue a devolvérsela a toda prisa a Venus. Sin embargo, tampoco pudo entonces aplacar la cólera de la despiadada diosa. Amenazándola con mayores y peores tormentos le dice con funesta ironía: «En verdad me da la impresión de que eres una consumada hechicera, pues diligentemente has conseguido dar satisfacción a semejantes órdenes. Pero aquí está, querida preciosidad, lo que tendrás que conseguir. Coge esta cajita –y se la dio–, vete rápido a las moradas infernales, donde los ferales penates de Orco. Allí le das la cajita a Proserpina y le vas a decir lo siguiente: 'Venus te

suplica que le envíes un poquito de tu belleza, siquiera lo justo para pasar un día. La suya, mientras cuida de su hijo enfermo, se ha consumido y ajado'. Y no tardes mucho en volver, porque la necesito para acudir a un espectáculo teatral de los dioses».

[17] Psique sintió especialmente en ese momento que había llegado su último día y entendió que, bien a las claras, se la empujaba directamente a la muerte. ¿Cómo no? Se la obligaba a ir por su propio pie a encaminarse al Tártaro y los manes. Sin titubear se encamina a una torre altísima para arrojarse desde ella: pensaba que era la manera más directa y hermosa de descender a las moradas infernales. Pero la torre de repente habló: «Desdichada, ¿por qué buscas la muerte arrojándote? ¿Te rindes justo ahora, sin pensártelo, ante esta última peligrosa prueba? Si llegase a separarse de tu cuerpo el alma, irías derecha al fondo del Tártaro, pero en modo alguno podrías regresar de allí. Escúchame. [18] Lacedemonia, la

insigne ciudad de Acaya, no está lejos de aquí. Busca la caverna del Ténaro, en un paraje colindante. Es una suerte de respiradero de Ditis y a través de sus puertas entreabiertas se muestra un camino inviable; una vez hayas traspasado el umbral y te adentres un poco irás a dar con la regia morada de Orco. Pero no debes avanzar por aquellas tinieblas con las manos vacías, sino que has de llevar en cada mano una torta de harina de cebada y arrope, y en la boca dos monedas. Recorrida buena parte de ese letal camino, encontrarás un asno cojo cargado de leña y el palafrenero, igualmente cojo, te pedirá que le recojas la leña menuda que se le vaya cayendo, pero tú, sin mediar palabra, continúa tu camino. Sin tardar llegarás al río de los muertos, a cuyo frente está Caronte, que pide el importe del transporte y que traslada a los viajeros a la otra orilla en una barca hecha de piezas cosidas. Como ves, incluso entre los muertos vive la avaricia y ni siquiera Caronte, el célebre divino recaudador de

Ditis, hace nada gratis. Cuando muere un pobre debe proveerse de su viático, y, si por casualidad la moneda no fuese por delante en su mano, no se le permitirá expirar. Darás a este repugnante anciano en concepto de porte una de las monedas que lleves, pero hazlo de tal manera que él la coja con su propia mano de tu boca. No es lo último: cuando estés atravesando la perezosa corriente del río, un viejo pútrido muerto que flota extenderá sus manos y te pedirá que lo subas a la barca, pero no te dejes llevar por una compasión que te está prohibida. [19] Atravesado el río, avanzando un poco más allá, unas viejas hilanderas que están tejiendo te pedirán que las ayudes un poco, pero tampoco te está permitido, pues esta y muchas otras celadas proceden de Venus, para que dejes caer al menos una de las tortas. Y no vayas a pensar que es irrelevante perder una de las tortas, porque la pérdida de una implica que nunca puedas volver a ver la luz. En efecto, encontrarás un colosal perro de tres enormes cabezas, atroz y formidable bestia que ladra con sus atronadoras fauces a los muertos, a quienes ya nada puede hacer aterrorizándolos en vano, montando guardia ante el umbral y el oscuro atrio de Proserpina, y que guarda la vacía morada de Ditis. Fácilmente pasarás si le entretienes echándole una de las tortas y así entrarás directamente en la morada de Proserpina, que te acogerá afable y afectuosamente y te invitará a tomar cómodo asiento y a comer espléndidas viandas. Pero tú siéntate en el suelo y cómete solo un simple pedazo de pan negro; después de comunicarle a qué has ido y de recoger lo que se te dé, emprende tu regreso, evitando la ferocidad del perro con la torta que te queda; luego le darás al avaro remero la moneda que reservaste y, una vez que hayas atravesado el río, vuelve sobre tus pasos y alcanzarás este coro de miríadas de estrellas. Pero, de entre todas mis observaciones, creo que la más importante es esta: no abras ni mires lo que contiene la cajita ni te dejes llevar por la curiosidad de descubrir el arcano enigma de la belleza divina».

[20] Así terminó la previsora torre su vaticinio. Sin demorarse, Psique se dirigió al Ténaro y, pertrechada con las monedas y las tortas, corre hacia las moradas infernales, pasa en silencio ante el inválido palafrenero, le da al barquero la moneda para el transporte, obvia al muerto que flota, desprecia las insidiosas súplicas de las hilanderas, sosiega con una torta la horrenda ferocidad del perro y entra en la morada de Proserpina. Rehusando el cómodo asiento de la huésped y las espléndidas viandas, sentándose a sus pies en el suelo y dándose por satisfecha con un humilde trozo de pan, le transmite el encargo de Venus. Al punto, una vez recibió la cajita, que había sido rellena y cerrada en secreto, entretiene al perro con la otra torta, le entrega la moneda que le resta al barquero y regresa de las moradas infernales con mucho más ánimo que antes de la bajada. Al volver a ver y adorar la resplandeciente luz, aunque quería

apresurarse por terminar el encargo, su mente se vio atrapada por una irreflexiva curiosidad: «¡Mira que soy tonta! Llevo conmigo la divina hermosura y no voy a ponerme un poquito para así gustarle más a mi hermoso amante». Mientras esto decía, abre la cajita.

[21] Allí no había hermosura alguna, sino una somnolencia infernal, la auténtica de Estigia, que tan pronto como levantó la tapa la invadió envolviendo todos sus miembros con una densa niebla de sopor que la hizo caer desplomada en el camino. Yacía inmóvil y no era otra cosa sino un durmiente cadáver. Pero Cupido, cuya herida ya había cicatrizado, iba recobrando fuerzas y no podía soportar más la ausencia de su amada Psique; se escapó por la altísima lucerna del cubículo en que estaba recluido y, recuperada la fuerza de sus alas por el prolongado descanso, fue en busca de su querida Psique volando todo lo deprisa que pudo; recogido el sopor disperso por la curiosidad y de nuevo encerrado en la cajita,

despierta a Psique con una inofensiva punzada de una de sus flechas y le dice: «¡Ay, otra vez te has buscado la perdición, desdichada, por tu consabida curiosidad! Pero date prisa y cumple diligentemente con lo que te ordenó mi madre; ya me encargaré yo del resto». Dicho esto, el alado amante emprende el vuelo y Psique se apresura a llevar a Venus el obsequio de Proserpina.

[22] Entretanto, Cupido, consumido por un exagerado amor y desencajado el rostro temiendo con espanto ser atacado con Sobriedad por su madre, vuelve a las andadas y con sus rápidas alas alcanza la bóveda celestial, suplica a Júpiter y le ofrece sus justificaciones. Entonces Júpiter, tomando las mejillas de Cupido y acercando su boca para besarlas, le dice: «Tú, ilustre hijo, jamás me has honrado de la forma en que me corresponde por decisión de los dioses, sino que has herido frecuentemente con tus golpes este mi pecho, en el que se disponen las leyes de los elementos y de las órbitas de

los astros, y has mancillado con escarceos terrenales mi nombradía, contraviniendo así las leyes, en concreto la ley Julia, y el orden público con vergonzosos adulterios y, más aún, has lastimado mi reputación y mi honorabilidad metamorfoseando sórdidamente la serenidad de mi aspecto en serpiente, en fuego, en fiera salvaje, en ave y en animales estabulados, pero, sin embargo, habida cuenta de mi sentido del comedimiento y de que te he visto crecer entre mis brazos, accederé a todo lo que pides, siempre y cuando sepas guardarte de tus adversarios y, si hay ahora en la tierra alguna muchacha que sobresalga por su belleza, me correspondas con ella el favor que ahora te hago».

[23] Tras hablar así, ordena a Mercurio que convoque en asamblea de inmediato a todos los dioses, y en el caso de que alguno no acudiese incurriría en una pena de diez mil sestercios. Ante esta amenaza se llenó rápidamente el hemiciclo celestial y, bajo la presidencia de Júpiter, sentado en su elevado sitial,

comienza así: «Dioses conscriptos, cuyos nombres están en el tablero blanco de las Musas, todos conocéis a este muchacho al que he criado, bien lo sabéis, con mis propias manos. He tomado en consideración poner freno a los ardorosos ímpetus de su primera juventud; bastantes habladurías ha habido ya por sus cotidianos adulterios y deshonestidades. Hay que evitar toda ocasión a su infantil desenfreno atándolo con un matrimonio. Eligió una muchacha y la desvirgó: que la tenga, que la conserve, que disfrute siempre de su amor con Psique». Y, volviendo su mirada a Venus, le dice: «Y tú, hija mía, no te entristezcas en absoluto y no temas que tan magna prosapia se vea afectada por un matrimonio con una mortal. Ya me encargo yo de que no sean unas nupcias desiguales, sino legítimas y acorde al derecho civil». Al punto ordena a Mercurio que rapte a Psique y la conduzca al cielo. Ofreciéndole una copa de ambrosía, le dice: «Toma, Psique, y sé inmortal, que nunca se aparte Cupido del nexo que le une a ti, pues esta unión entre vosotros ha de ser sempiterna».

[24] Sin demora se sirve un rico banquete nupcial. Presidía Cupido, con Psique abrazada en su regazo; luego Júpiter con su Juno, y así, por orden, todos los dioses. Corría la copa de néctar, que es el vino de los dioses; a Júpiter le servía su copero, aquel muchacho campestre, a los demás Liber; Vulcano cocinaba la cena; las Horas teñían todo de púrpura con rosas y otras flores; las Gracias rociaban aromáticos perfumes; las Musas hacían sonar melodías. Entonces Apolo cantó al son de la cítara, Venus bailó, hermosa, al son de una dulce melodía; tan armoniosa era la escena que las Musas cantaban a coro, un sátiro tocaba la flauta y un discípulo de Pan acompañaba con una zampoña. Psique quedó en manos de Cupido con este rito y de ellos nació, tras un embarazo a término, una niña a la que llamamos Sensualidad.